IF FOUND,
PLEASE RETURN TO:

ONE LINE A DAY

A FIVE-YEAR MEMORY BOOK

CHRONICLE BOOKS
San Francisco

ISBN 978-1-7972-2549-4

Manufactured in India.

MIX
Paper | Supporting
responsible forestry
FSC™ C016779

Design by Kristen Hewitt.

10 9 8 7 6 5 4 3 2

Chronicle Books LLC
680 Second Street
San Francisco, California 94107
www.chroniclebooks.com

A CONDENSED,
COMPARATIVE
RECORD FOR
FIVE YEARS, FOR
RECORDING EVENTS
MOST WORTHY OF
REMEMBRANCE.

HOW TO USE THIS BOOK

To begin, turn to today's calendar date and fill
in the year at the top of the page's first entry.
Here, you can add your thoughts on the present
day's events. On the next day, turn the page and fill
in the year accordingly. Do likewise throughout
the year. When the year has ended, start the next
year in the second entry space on the page,
and so on through the remaining years.

JANUARY 1

20___ _____
_____
_____
_____
_____

20___ _____
_____
_____
_____
_____

20___ _____
_____
_____
_____
_____

20___ _____
_____
_____
_____
_____

20___ _____
_____
_____
_____
_____

JANUARY 2

20___ _____

_____

_____

_____

_____

20___ _____

_____

_____

_____

_____

20___ _____

_____

_____

_____

_____

20___ _____

_____

_____

_____

_____

20___ _____

_____

_____

_____

JANUARY 3

20___ _____

20___ _____

20___ _____

20___ _____

20___ _____

JANUARY 4

20___ _____

20___ _____

20___ _____

20___ _____

20___ _____

JANUARY 5

20___ _____

20___ _____

20___ _____

20___ _____

20___ _____

JANUARY 6

20___ _____
_____
_____
_____
_____

20___ _____
_____
_____
_____
_____

20___ _____
_____
_____
_____
_____

20___ _____
_____
_____
_____
_____

20___ _____
_____
_____
_____
_____

JANUARY 7

20___ _____

20___ _____

20___ _____

20___ _____

20___ _____

JANUARY 8

20___ _____
_____
_____
_____
_____

20___ _____
_____
_____
_____
_____

20___ _____
_____
_____
_____
_____

20___ _____
_____
_____
_____
_____

20___ _____
_____
_____
_____
_____

JANUARY 9

20___ _____

20___ _____

20___ _____

20___ _____

20___ _____

JANUARY 10

20___ _____
_____
_____
_____
_____

20___ _____
_____
_____
_____
_____

20___ _____
_____
_____
_____
_____

20___ _____
_____
_____
_____
_____

20___ _____
_____
_____
_____
_____

JANUARY 11

20___ _____
_____
_____
_____
_____

20___ _____
_____
_____
_____
_____

20___ _____
_____
_____
_____
_____

20___ _____
_____
_____
_____
_____

20___ _____
_____
_____
_____

JANUARY 12

20___ _____

20___ _____

20___ _____

20___ _____

20___ _____

JANUARY 13

20___ _____

20___ _____

20___ _____

20___ _____

20___ _____

JANUARY 14

20___ _____

20___ _____

20___ _____

20___ _____

20___ _____

JANUARY 15

20___ _____
_____
_____
_____
_____

20___ _____
_____
_____
_____
_____

20___ _____
_____
_____
_____
_____

20___ _____
_____
_____
_____
_____

20___ _____
_____
_____
_____
_____

JANUARY 16

20___ _____
_____
_____
_____
_____

20___ _____
_____
_____
_____

20___ _____
_____
_____
_____
_____

20___ _____
_____
_____
_____
_____

20___ _____
_____
_____
_____
_____

JANUARY 17

20___ _____

20___ _____

20___ _____

20___ _____

20___ _____

JANUARY 18

20___ _____
_____
_____
_____
_____

20___ _____
_____
_____
_____
_____

20___ _____
_____
_____
_____
_____

20___ _____
_____
_____
_____
_____

20___ _____
_____
_____
_____
_____

JANUARY 19

20___ _____

_____

_____

_____

20___ _____

_____

_____

_____

20___ _____

_____

_____

_____

20___ _____

_____

_____

_____

20___ _____

_____

_____

_____

JANUARY 20

20___ _____

_____

_____

_____

_____

20___ _____

_____

_____

_____

_____

20___ _____

_____

_____

_____

_____

20___ _____

_____

_____

_____

_____

20___ _____

_____

_____

_____

_____

JANUARY 21

20___ _____
_____
_____
_____
_____

20___ _____
_____
_____
_____
_____

20___ _____
_____
_____
_____
_____

20___ _____
_____
_____
_____
_____

20___ _____
_____
_____
_____
_____

JANUARY 22

20___ _____

_____

_____

_____

_____

20___ _____

_____

_____

_____

_____

20___ _____

_____

_____

_____

_____

20___ _____

_____

_____

_____

_____

20___ _____

_____

_____

_____

_____

JANUARY 23

20___ _____

20___ _____

20___ _____

20___ _____

20___ _____

JANUARY 24

20___ _____

20___ _____

20___ _____

20___ _____

20___ _____

JANUARY 25

20___ _____
_____
_____
_____
_____

20___ _____
_____
_____
_____
_____

20___ _____
_____
_____
_____
_____

20___ _____
_____
_____
_____
_____

20___ _____
_____
_____
_____
_____

JANUARY 26

20___ _____

20___ _____

20___ _____

20___ _____

20___ _____

JANUARY 27

20___ _____

20___ _____

20___ _____

20___ _____

20___ _____

JANUARY 28

20___ _____
_____
_____
_____
_____

20___ _____
_____
_____
_____
_____

20___ _____
_____
_____
_____
_____

20___ _____
_____
_____
_____
_____

20___ _____
_____
_____
_____
_____

JANUARY 29

20___ _____

20___ _____

20___ _____

20___ _____

20___ _____

JANUARY 30

20___ _____
_____
_____
_____
_____

20___ _____
_____
_____
_____
_____

20___ _____
_____
_____
_____
_____

20___ _____
_____
_____
_____
_____

20___ _____
_____
_____
_____
_____

JANUARY 31

20___ _____
_____
_____
_____
_____

20___ _____
_____
_____
_____
_____

20___ _____
_____
_____
_____
_____

20___ _____
_____
_____
_____
_____

20___ _____
_____
_____
_____
_____

FEBRUARY 1

20___ _____

_____

_____

_____

_____

20___ _____

_____

_____

_____

_____

20___ _____

_____

_____

_____

_____

20___ _____

_____

_____

_____

_____

20___ _____

_____

_____

_____

_____

FEBRUARY 2

20___ _____

_____

_____

_____

_____

20___ _____

_____

_____

_____

_____

20___ _____

_____

_____

_____

_____

20___ _____

_____

_____

_____

_____

20___ _____

_____

_____

_____

_____

FEBRUARY 3

20__ _____

_____

_____

_____

_____

20__ _____

_____

_____

_____

_____

20__ _____

_____

_____

_____

_____

20__ _____

_____

_____

_____

_____

20__ _____

_____

_____

_____

_____

FEBRUARY 4

20___ _____
_____
_____
_____
_____

20___ _____
_____
_____
_____
_____

20___ _____
_____
_____
_____
_____

20___ _____
_____
_____
_____
_____

20___ _____
_____
_____
_____
_____

FEBRUARY 5

20___ _____
_____
_____
_____
_____
_____

20___ _____
_____
_____
_____
_____

20___ _____
_____
_____
_____
_____

20___ _____
_____
_____
_____
_____

20___ _____
_____
_____
_____
_____

FEBRUARY 6

20___ _____

20___ _____

20___ _____

20___ _____

20___ _____

FEBRUARY 7

20___ _____
_____
_____
_____
_____

20___ _____
_____
_____
_____
_____

20___ _____
_____
_____
_____
_____

20___ _____
_____
_____
_____
_____

20___ _____
_____
_____
_____
_____

FEBRUARY 8

20___ _____

20___ _____

20___ _____

20___ _____

20___ _____

FEBRUARY 9

20___ _____

20___ _____

20___ _____

20___ _____

20___ _____

FEBRUARY 10

20___ _____
_____
_____
_____
_____

20___ _____
_____
_____
_____
_____

20___ _____
_____
_____
_____
_____

20___ _____
_____
_____
_____
_____

20___ _____
_____
_____
_____
_____

FEBRUARY 11

20___ _____

20___ _____

20___ _____

20___ _____

20___ _____

FEBRUARY 12

20__ _____
_____
_____
_____
_____

20__ _____
_____
_____
_____
_____

20__ _____
_____
_____
_____
_____

20__ _____
_____
_____
_____
_____

20__ _____
_____
_____
_____
_____

FEBRUARY 13

20___ _____

20___ _____

20___ _____

20___ _____

20___ _____

FEBRUARY 14

20___ _____

_____

_____

_____

_____

20___ _____

_____

_____

_____

_____

20___ _____

_____

_____

_____

_____

20___ _____

_____

_____

_____

_____

20___ _____

_____

_____

_____

_____

FEBRUARY 15

20___ _____
_____
_____
_____
_____

20___ _____
_____
_____
_____
_____

20___ _____
_____
_____
_____
_____

20___ _____
_____
_____
_____
_____

20___ _____
_____
_____
_____
_____

FEBRUARY 16

20___ _____
_____
_____
_____
_____

20___ _____
_____
_____
_____
_____

20___ _____
_____
_____
_____
_____

20___ _____
_____
_____
_____
_____

20___ _____
_____
_____
_____
_____

FEBRUARY 17

20___

20___

20___

20___

20___

FEBRUARY 18

20___ _____
_____
_____
_____
_____

20___ _____
_____
_____
_____
_____

20___ _____
_____
_____
_____
_____

20___ _____
_____
_____
_____
_____

20___ _____
_____
_____
_____
_____

FEBRUARY 19

20___ _____

20___ _____

20___ _____

20___ _____

20___ _____

FEBRUARY 20

20___ _____
_____
_____
_____
_____

20___ _____
_____
_____
_____
_____

20___ _____
_____
_____
_____
_____

20___ _____
_____
_____
_____
_____

20___ _____
_____
_____
_____
_____

FEBRUARY 21

20___ _____

20___ _____

20___ _____

20___ _____

20___ _____

FEBRUARY 22

20___ _____
_____
_____
_____
_____

20___ _____
_____
_____
_____
_____

20___ _____
_____
_____
_____
_____

20___ _____
_____
_____
_____
_____

20___ _____
_____
_____
_____
_____

FEBRUARY 23

20___ _____

20___ _____

20___ _____

20___ _____

20___ _____

FEBRUARY 24

20___ _____

_____

_____

_____

_____

20___ _____

_____

_____

_____

_____

20___ _____

_____

_____

_____

_____

20___ _____

_____

_____

_____

_____

20___ _____

_____

_____

_____

_____

FEBRUARY 25

20___ _____

20___ _____

20___ _____

20___ _____

20___ _____

FEBRUARY 26

20___ _____
_____
_____
_____
_____

20___ _____
_____
_____
_____
_____

20___ _____
_____
_____
_____
_____

20___ _____
_____
_____
_____
_____

20___ _____
_____
_____
_____
_____

FEBRUARY 27

20___ _____

20___ _____

20___ _____

20___ _____

20___ _____

FEBRUARY 28

20___ _____

20___ _____

20___ _____

20___ _____

20___ _____

FEBRUARY 29

20___ _____

20___ _____

20___ _____

20___ _____

20___ _____

MARCH 1

20___ _____

20___ _____

20___ _____

20___ _____

20___ _____

MARCH 2

20___ _____

_____

_____

_____

_____

20___ _____

_____

_____

_____

_____

20___ _____

_____

_____

_____

_____

20___ _____

_____

_____

_____

_____

20___ _____

_____

_____

_____

_____

MARCH 3

20___ _____
_____
_____
_____
_____

20___ _____
_____
_____
_____
_____

20___ _____
_____
_____
_____
_____

20___ _____
_____
_____
_____
_____

20___ _____
_____
_____
_____
_____

MARCH 4

20___ _____

20___ _____

20___ _____

20___ _____

20___ _____

MARCH 5

20___ _____

20___ _____

20___ _____

20___ _____

20___ _____

MARCH 6

20___ _____
_____
_____
_____
_____

20___ _____
_____
_____
_____
_____

20___ _____
_____
_____
_____
_____

20___ _____
_____
_____
_____
_____

20___ _____
_____
_____
_____
_____

MARCH 7

20___ _____
_____
_____
_____

20___ _____
_____
_____
_____

20___ _____
_____
_____
_____

20___ _____
_____
_____
_____

20___ _____
_____
_____
_____

MARCH 8

20___ _____

20___ _____

20___ _____

20___ _____

20___ _____

MARCH 9

20____ _____

20____ _____

20____ _____

20____ _____

20____ _____

MARCH 10

20___ _____

20___ _____

20___ _____

20___ _____

20___ _____

MARCH 11

20___ _____
_____
_____
_____
_____

20___ _____
_____
_____
_____
_____

20___ _____
_____
_____
_____
_____

20___ _____
_____
_____
_____
_____

20___ _____
_____
_____
_____
_____

MARCH 12

20___ _____

20___ _____

20___ _____

20___ _____

20___ _____

MARCH 13

20___ _____

20___ _____

20___ _____

20___ _____

20___ _____

MARCH 14

20___ _____

20___ _____

20___ _____

20___ _____

20___ _____

MARCH 15

20___ _____

20___ _____

20___ _____

20___ _____

20___ _____

MARCH 16

20___ _____

20___ _____

20___ _____

20___ _____

20___ _____

MARCH 17

20___

20___

20___

20___

20___

MARCH 18

20___ _____
_____
_____
_____
_____

20___ _____
_____
_____
_____
_____

20___ _____
_____
_____
_____
_____

20___ _____
_____
_____
_____
_____

20___ _____
_____
_____
_____
_____

MARCH 19

20___ _____

20___ _____

20___ _____

20___ _____

20___ _____

MARCH 20

20___ _____

_____

_____

_____

_____

20___ _____

_____

_____

_____

_____

20___ _____

_____

_____

_____

_____

20___ _____

_____

_____

_____

_____

20___ _____

_____

_____

_____

_____

MARCH 21

20___ _____

_____

_____

_____

_____

20___ _____

_____

_____

_____

_____

20___ _____

_____

_____

_____

_____

20___ _____

_____

_____

_____

_____

20___ _____

_____

_____

_____

_____

MARCH 22

20___ _____

_____

_____

_____

_____

20___ _____

_____

_____

_____

_____

20___ _____

_____

_____

_____

_____

20___ _____

_____

_____

_____

_____

20___ _____

_____

_____

_____

_____

MARCH 23

20___ _____
_____
_____
_____
_____

20___ _____
_____
_____
_____
_____

20___ _____
_____
_____
_____
_____

20___ _____
_____
_____
_____
_____

20___ _____
_____
_____
_____
_____

MARCH 24

20___ _____
_____
_____
_____
_____

20___ _____
_____
_____
_____
_____

20___ _____
_____
_____
_____
_____

20___ _____
_____
_____
_____
_____

20___ _____
_____
_____
_____
_____

MARCH 25

20___ _____

20___ _____

20___ _____

20___ _____

20___ _____

MARCH 26

20___ _____

20___ _____

20___ _____

20___ _____

20___ _____

MARCH 27

20___ _____
_____
_____
_____
_____

20___ _____
_____
_____
_____
_____

20___ _____
_____
_____
_____
_____

20___ _____
_____
_____
_____
_____

20___ _____
_____
_____
_____
_____

MARCH 28

20___ _____

20___ _____

20___ _____

20___ _____

20___ _____

MARCH 29

20___ _____
_____
_____
_____
_____

20___ _____
_____
_____
_____
_____

20___ _____
_____
_____
_____
_____

20___ _____
_____
_____
_____
_____

20___ _____
_____
_____
_____

MARCH 30

20___ _____
_____
_____
_____
_____

20___ _____
_____
_____
_____
_____

20___ _____
_____
_____
_____
_____

20___ _____
_____
_____
_____
_____

20___ _____
_____
_____
_____
_____

MARCH 31

20___ _____

20___ _____

20___ _____

20___ _____

20___ _____

APRIL 1

20___ _____

20___ _____

20___ _____

20___ _____

20___ _____

APRIL 2

20___ _____

20___ _____

20___ _____

20___ _____

20___ _____

APRIL 3

20___ _____

20___ _____

20___ _____

20___ _____

20___ _____

APRIL 4

20___ _____
_____
_____
_____
_____

20___ _____
_____
_____
_____
_____

20___ _____
_____
_____
_____
_____

20___ _____
_____
_____
_____
_____

20___ _____
_____
_____
_____
_____

APRIL 5

20___ _____

20___ _____

20___ _____

20___ _____

20___ _____

APRIL 6

20___ _____

20___ _____

20___ _____

20___ _____

20___ _____

APRIL 7

20___ _____

20___ _____

20___ _____

20___ _____

20___ _____

APRIL 8

20___ _____

20___ _____

20___ _____

20___ _____

20___ _____

APRIL 9

20_____ _____

20_____ _____

20_____ _____

20_____ _____

20_____ _____

APRIL 10

20___ _____

20___ _____

20___ _____

20___ _____

20___ _____

APRIL 11

20___ _____

20___ _____

20___ _____

20___ _____

20___ _____

APRIL 12

20___ _____

20___ _____

20___ _____

20___ _____

20___ _____

APRIL 13

20___ _____

20___ _____

20___ _____

20___ _____

20___ _____

APRIL 14

20___ _____

20___ _____

20___ _____

20___ _____

20___ _____

APRIL 15

20___ _____

20___ _____

20___ _____

20___ _____

20___ _____

APRIL 16

20___ _____

20___ _____

20___ _____

20___ _____

20___ _____

APRIL 17

20___ _____

_____

_____

_____

_____

20___ _____

_____

_____

_____

_____

20___ _____

_____

_____

_____

_____

20___ _____

_____

_____

_____

_____

20___ _____

_____

_____

_____

_____

APRIL 18

20___ _____

20___ _____

20___ _____

20___ _____

20___ _____

APRIL 19

20___ _____

_____

_____

_____

_____

20___ _____

_____

_____

_____

_____

20___ _____

_____

_____

_____

_____

20___ _____

_____

_____

_____

_____

20___ _____

_____

_____

_____

_____

APRIL 20

20___ _____
_____
_____
_____
_____

20___ _____
_____
_____
_____
_____

20___ _____
_____
_____
_____
_____

20___ _____
_____
_____
_____
_____

20___ _____
_____
_____
_____
_____

APRIL 21

20___ _____
_____
_____
_____
_____

20___ _____
_____
_____
_____
_____

20___ _____
_____
_____
_____
_____

20___ _____
_____
_____
_____
_____

20___ _____
_____
_____
_____
_____

APRIL 22

20___ _____

20___ _____

20___ _____

20___ _____

20___ _____

APRIL 23

20___ _____

20___ _____

20___ _____

20___ _____

20___ _____

APRIL 24

20___ _____

_____

_____

_____

20___ _____

_____

_____

_____

20___ _____

_____

_____

_____

20___ _____

_____

_____

_____

20___ _____

_____

_____

_____

APRIL 25

20___ _____

20___ _____

20___ _____

20___ _____

20___ _____

APRIL 26

20___

20___

20___

20___

20___

APRIL 27

20___ _____

_____

_____

_____

_____

20___ _____

_____

_____

_____

_____

20___ _____

_____

_____

_____

_____

20___ _____

_____

_____

_____

_____

20___ _____

_____

_____

_____

_____

APRIL 28

20___ _____

20___ _____

20___ _____

20___ _____

20___ _____

APRIL 29

20___ _____
_____
_____
_____
_____

20___ _____
_____
_____
_____
_____

20___ _____
_____
_____
_____
_____

20___ _____
_____
_____
_____
_____

20___ _____
_____
_____
_____
_____

APRIL 30

20__ _____
_____
_____
_____
_____

20__ _____
_____
_____
_____
_____

20__ _____
_____
_____
_____
_____

20__ _____
_____
_____
_____
_____

20__ _____
_____
_____
_____
_____

MAY 1

20___ _____

_____

_____

_____

_____

20___ _____

_____

_____

_____

_____

20___ _____

_____

_____

_____

_____

20___ _____

_____

_____

_____

_____

20___ _____

_____

_____

_____

_____

MAY 2

20___

20___

20___

20___

20___

MAY 3

20___ _____
_____
_____
_____
_____

20___ _____
_____
_____
_____
_____

20___ _____
_____
_____
_____
_____

20___ _____
_____
_____
_____
_____

20___ _____
_____
_____
_____
_____

MAY 4

20___ _____

20___ _____

20___ _____

20___ _____

20___ _____

MAY 5

20___ _____

20___ _____

20___ _____

20___ _____

20___ _____

MAY 6

20___ _____
_____
_____
_____
_____

20___ _____
_____
_____
_____
_____

20___ _____
_____
_____
_____
_____

20___ _____
_____
_____
_____
_____

20___ _____
_____
_____
_____
_____

MAY 7

20___ _____

20___ _____

20___ _____

20___ _____

20___ _____

MAY 8

20___ _____

20___ _____

20___ _____

20___ _____

20___ _____

MAY 9

20___ _____

20___ _____

20___ _____

20___ _____

20___ _____

MAY 10

20___ _____
_____
_____
_____
_____

20___ _____
_____
_____
_____
_____

20___ _____
_____
_____
_____
_____

20___ _____
_____
_____
_____
_____

20___ _____
_____
_____
_____
_____

MAY 11

20___ _____

_____

_____

_____

_____

20___ _____

_____

_____

_____

_____

20___ _____

_____

_____

_____

_____

20___ _____

_____

_____

_____

_____

20___ _____

_____

_____

_____

_____

MAY 12

20___ _____

20___ _____

20___ _____

20___ _____

20___ _____

MAY 13

20___ _____

_____

_____

_____

_____

20___ _____

_____

_____

_____

_____

20___ _____

_____

_____

_____

_____

20___ _____

_____

_____

_____

_____

20___ _____

_____

_____

_____

_____

MAY 14

20___ _____
_____
_____
_____
_____

20___ _____
_____
_____
_____
_____

20___ _____
_____
_____
_____
_____

20___ _____
_____
_____
_____
_____

20___ _____
_____
_____
_____
_____

MAY 15

20___ _____
_____
_____
_____
_____

20___ _____
_____
_____
_____
_____

20___ _____
_____
_____
_____
_____

20___ _____
_____
_____
_____
_____

20___ _____
_____
_____
_____
_____

MAY 16

20___ _____

20___ _____

20___ _____

20___ _____

20___ _____

MAY 17

20___ _____

20___ _____

20___ _____

20___ _____

20___ _____

MAY 18

20___ _____

20___ _____

20___ _____

20___ _____

20___ _____

MAY 19

20___ _____
_____
_____
_____
_____

20___ _____
_____
_____
_____
_____

20___ _____
_____
_____
_____
_____

20___ _____
_____
_____
_____
_____

20___ _____
_____
_____
_____
_____

MAY 20

20___

20___

20___

20___

20___

MAY 21

20___ _____

20___ _____

20___ _____

20___ _____

20___ _____

MAY 22

20___ _____

20___ _____

20___ _____

20___ _____

20___ _____

MAY 23

20___ _____

20___ _____

20___ _____

20___ _____

20___ _____

20___ _____
_____
_____
_____
_____
_____

20___ _____
_____
_____
_____
_____
_____

20___ _____
_____
_____
_____
_____
_____

20___ _____
_____
_____
_____
_____
_____

20___ _____
_____
_____
_____
_____
_____

MAY 25

20___ _____
_____
_____
_____
_____

20___ _____
_____
_____
_____
_____

20___ _____
_____
_____
_____
_____

20___ _____
_____
_____
_____
_____

20___ _____
_____
_____
_____
_____

MAY 26

20___ _____

20___ _____

20___ _____

20___ _____

20___ _____

MAY 27

20___ _____
_____
_____
_____
_____

20___ _____
_____
_____
_____
_____

20___ _____
_____
_____
_____
_____

20___ _____
_____
_____
_____
_____

20___ _____
_____
_____
_____
_____

MAY 28

20___ _____

20___ _____

20___ _____

20___ _____

20___ _____

MAY 29

20___ _____

20___ _____

20___ _____

20___ _____

20___ _____

MAY 30

20___ _____

20___ _____

20___ _____

20___ _____

20___ _____

MAY 31

20___ _____

20___ _____

20___ _____

20___ _____

20___ _____

JUNE 1

20___ _____
_____
_____
_____
_____

20___ _____
_____
_____
_____
_____

20___ _____
_____
_____
_____
_____

20___ _____
_____
_____
_____
_____

20___ _____
_____
_____
_____
_____

JUNE 2

20___ _____
_____
_____
_____
_____

20___ _____
_____
_____
_____
_____

20___ _____
_____
_____
_____
_____

20___ _____
_____
_____
_____
_____

20___ _____
_____
_____
_____
_____

JUNE 3

20___ _____
_____
_____
_____
_____
_____

20___ _____
_____
_____
_____
_____
_____

20___ _____
_____
_____
_____
_____
_____

20___ _____
_____
_____
_____
_____

20___ _____
_____
_____
_____
_____

JUNE 4

20___ _____

20___ _____

20___ _____

20___ _____

20___ _____

JUNE 5

20___ _____

20___ _____

20___ _____

20___ _____

20___ _____

JUNE 6

20___ _____
_____
_____
_____
_____

20___ _____
_____
_____
_____
_____

20___ _____
_____
_____
_____
_____

20___ _____
_____
_____
_____
_____

20___ _____
_____
_____
_____
_____

JUNE 7

20___ _____

_____

_____

_____

_____

20___ _____

_____

_____

_____

_____

20___ _____

_____

_____

_____

_____

20___ _____

_____

_____

_____

_____

20___ _____

_____

_____

_____

_____

JUNE 8

20___ _____

20___ _____

20___ _____

20___ _____

20___ _____

JUNE 9

20___

20___

20___

20___

20___

JUNE 10

20___ _____

20___ _____

20___ _____

20___ _____

20___ _____

JUNE 11

20___ _____

20___ _____

20___ _____

20___ _____

20___ _____

JUNE 12

20___ _____

20___ _____

20___ _____

20___ _____

20___ _____

JUNE 13

20___ _____

20___ _____

20___ _____

20___ _____

20___ _____

JUNE 14

20___ _____
_____
_____
_____
_____

20___ _____
_____
_____
_____
_____

20___ _____
_____
_____
_____
_____

20___ _____
_____
_____
_____
_____

20___ _____
_____
_____
_____
_____

JUNE 15

20___ _____

20___ _____

20___ _____

20___ _____

20___ _____

JUNE 16

20___ _____
_____
_____
_____
_____

20___ _____
_____
_____
_____
_____

20___ _____
_____
_____
_____
_____

20___ _____
_____
_____
_____
_____

20___ _____
_____
_____
_____
_____

JUNE 17

20___ _____

20___ _____

20___ _____

20___ _____

20___ _____

JUNE 18

20___ _____

20___ _____

20___ _____

20___ _____

20___ _____

JUNE 19

20___ _____

20___ _____

20___ _____

20___ _____

20___ _____

JUNE 20

20___ _____

20___ _____

20___ _____

20___ _____

20___ _____

JUNE 21

20___ _____

_____

_____

_____

_____

20___ _____

_____

_____

_____

20___ _____

_____

_____

_____

20___ _____

_____

_____

_____

20___ _____

_____

_____

_____

JUNE 22

20___ _____
_____
_____
_____
_____

20___ _____
_____
_____
_____
_____

20___ _____
_____
_____
_____
_____

20___ _____
_____
_____
_____
_____

20___ _____
_____
_____
_____
_____

JUNE 23

20___ _____

20___ _____

20___ _____

20___ _____

20___ _____

JUNE 24

20___ _____
_____
_____
_____
_____

20___ _____
_____
_____
_____
_____

20___ _____
_____
_____
_____
_____

20___ _____
_____
_____
_____
_____

20___ _____
_____
_____
_____
_____

JUNE 25

20___ _____

20___ _____

20___ _____

20___ _____

20___ _____

JUNE 26

20___ _____

20___ _____

20___ _____

20___ _____

20___ _____

JUNE 27

20___ _____
_____
_____
_____
_____

20___ _____
_____
_____
_____
_____

20___ _____
_____
_____
_____
_____

20___ _____
_____
_____
_____
_____

20___ _____
_____
_____
_____
_____

JUNE 28

20___ _____
_____
_____
_____
_____

20___ _____
_____
_____
_____
_____

20___ _____
_____
_____
_____
_____

20___ _____
_____
_____
_____
_____

20___ _____
_____
_____
_____
_____

JUNE 29

20___ _____

20___ _____

20___ _____

20___ _____

20___ _____

JUNE 30

20___ _____
_____
_____
_____
_____

20___ _____
_____
_____
_____
_____

20___ _____
_____
_____
_____
_____

20___ _____
_____
_____
_____
_____

20___ _____
_____
_____
_____
_____

JULY 1

20___ _____
_____
_____
_____
_____

20___ _____
_____
_____
_____
_____

20___ _____
_____
_____
_____
_____

20___ _____
_____
_____
_____
_____

20___ _____
_____
_____
_____
_____

JULY 2

20___ _____

20___ _____

20___ _____

20___ _____

20___ _____

JULY 3

20___ _____

20___ _____

20___ _____

20___ _____

20___ _____

JULY 4

20___ _____

20___ _____

20___ _____

20___ _____

20___ _____

JULY 5

20___ _____

20___ _____

20___ _____

20___ _____

20___ _____

JULY 6

20___ _____

20___ _____

20___ _____

20___ _____

20___ _____

JULY 7

20___ _____

20___ _____

20___ _____

20___ _____

20___ _____

JULY 8

20___ _____

20___ _____

20___ _____

20___ _____

20___ _____

JULY 9

20___ _____

20___ _____

20___ _____

20___ _____

20___ _____

JULY 10

20___ _____

20___ _____

20___ _____

20___ _____

20___ _____

JULY 11

20___ _____

20___ _____

20___ _____

20___ _____

20___ _____

JULY 12

20___ _____

20___ _____

20___ _____

20___ _____

20___ _____

JULY 13

20___ _____
_____
_____
_____
_____

20___ _____
_____
_____
_____
_____

20___ _____
_____
_____
_____
_____

20___ _____
_____
_____
_____
_____

20___ _____
_____
_____
_____
_____

JULY 14

20___ _____

20___ _____

20___ _____

20___ _____

20___ _____

JULY 15

20___ _____

20___ _____

20___ _____

20___ _____

20___ _____

JULY 16

20___ _____

20___ _____

20___ _____

20___ _____

20___ _____

JULY 17

20___ _____

20___ _____

20___ _____

20___ _____

20___ _____

JULY 18

20___ _____

20___ _____

20___ _____

20___ _____

20___ _____

JULY 19

20___ _____

20___ _____

20___ _____

20___ _____

20___ _____

JULY 20

20___ _____

20___ _____

20___ _____

20___ _____

20___ _____

JULY 21

20___ _____

20___ _____

20___ _____

20___ _____

20___ _____

JULY 22

20___ _____

20___ _____

20___ _____

20___ _____

20___ _____

JULY 23

20___ _____

20___ _____

20___ _____

20___ _____

20___ _____

JULY 24

20___ _____

_____

_____

_____

_____

20___ _____

_____

_____

_____

_____

20___ _____

_____

_____

_____

_____

20___ _____

_____

_____

_____

_____

20___ _____

_____

_____

_____

_____

JULY 25

20___ _____
_____
_____
_____
_____

20___ _____
_____
_____
_____
_____

20___ _____
_____
_____
_____
_____

20___ _____
_____
_____
_____
_____

20___ _____
_____
_____
_____
_____

JULY 26

20___ _____

20___ _____

20___ _____

20___ _____

20___ _____

JULY 27

20___ _____

20___ _____

20___ _____

20___ _____

20___ _____

JULY 28

20___ _____

20___ _____

20___ _____

20___ _____

20___ _____

JULY 29

20___ _____

20___ _____

20___ _____

20___ _____

20___ _____

JULY 30

20___ _____

20___ _____

20___ _____

20___ _____

20___ _____

JULY 31

20___ _____
_____
_____
_____
_____

20___ _____
_____
_____
_____
_____

20___ _____
_____
_____
_____
_____

20___ _____
_____
_____
_____
_____

20___ _____
_____
_____
_____
_____

AUGUST 1

20___ _____
_____
_____
_____
_____

20___ _____
_____
_____
_____
_____

20___ _____
_____
_____
_____
_____

20___ _____
_____
_____
_____
_____

20___ _____
_____
_____
_____
_____

AUGUST 2

20___ _____

20___ _____

20___ _____

20___ _____

20___ _____

AUGUST 3

20___ _____

20___ _____

20___ _____

20___ _____

20___ _____

AUGUST 4

20___ _____
_____
_____
_____
_____

20___ _____
_____
_____
_____
_____

20___ _____
_____
_____
_____
_____

20___ _____
_____
_____
_____
_____

20___ _____
_____
_____
_____
_____

AUGUST 5

20___ _____
_____
_____
_____
_____

20___ _____
_____
_____
_____
_____

20___ _____
_____
_____
_____
_____

20___ _____
_____
_____
_____
_____

20___ _____
_____
_____
_____
_____

AUGUST 6

20___ _____

20___ _____

20___ _____

20___ _____

20___ _____

AUGUST 7

20___

20___

20___

20___

20___

AUGUST 8

20___ _____

20___ _____

20___ _____

20___ _____

20___ _____

AUGUST 9

20___ _____
_____
_____
_____
_____

20___ _____
_____
_____
_____
_____

20___ _____
_____
_____
_____
_____

20___ _____
_____
_____
_____
_____

20___ _____
_____
_____
_____
_____

AUGUST 10

20___ _____
_____
_____
_____
_____

20___ _____
_____
_____
_____
_____

20___ _____
_____
_____
_____
_____

20___ _____
_____
_____
_____
_____

20___ _____
_____
_____
_____
_____

AUGUST 11

20___ _____
_____
_____
_____
_____

20___ _____
_____
_____
_____
_____

20___ _____
_____
_____
_____
_____

20___ _____
_____
_____
_____
_____

20___ _____
_____
_____
_____
_____

AUGUST 12

20___ _____

20___ _____

20___ _____

20___ _____

20___ _____

AUGUST 13

20___ _____

20___ _____

20___ _____

20___ _____

20___ _____

AUGUST 14

20___ _____
_____
_____
_____
_____

20___ _____
_____
_____
_____
_____

20___ _____
_____
_____
_____
_____

20___ _____
_____
_____
_____
_____

20___ _____
_____
_____
_____
_____

AUGUST 15

20___ _____

20___ _____

20___ _____

20___ _____

20___ _____

AUGUST 16

20___ _____
_____
_____
_____
_____

20___ _____
_____
_____
_____
_____

20___ _____
_____
_____
_____
_____

20___ _____
_____
_____
_____
_____

20___ _____
_____
_____
_____
_____

AUGUST 17

20___ _____

20___ _____

20___ _____

20___ _____

20___ _____

AUGUST 18

20___ _____

20___ _____

20___ _____

20___ _____

20___ _____

AUGUST 19

20___ _____

20___ _____

20___ _____

20___ _____

20___ _____

AUGUST 20

20___ _____
_____
_____
_____
_____

20___ _____
_____
_____
_____
_____

20___ _____
_____
_____
_____
_____

20___ _____
_____
_____
_____
_____

20___ _____
_____
_____
_____
_____

AUGUST 21

20___ _____
_____
_____
_____
_____
_____

20___ _____
_____
_____
_____
_____
_____

20___ _____
_____
_____
_____
_____
_____

20___ _____
_____
_____
_____
_____
_____

20___ _____
_____
_____
_____
_____
_____

AUGUST 22

20___ _____

_____

_____

_____

_____

20___ _____

_____

_____

_____

_____

20___ _____

_____

_____

_____

_____

20___ _____

_____

_____

_____

_____

20___ _____

_____

_____

_____

_____

AUGUST 23

20___ _____

20___ _____

20___ _____

20___ _____

20___ _____

AUGUST 24

20___

20___

20___

20___

20___

AUGUST 25

20___ _____

20___ _____

20___ _____

20___ _____

20___ _____

AUGUST 26

20___ _____
_____
_____
_____
_____

20___ _____
_____
_____
_____
_____

20___ _____
_____
_____
_____
_____

20___ _____
_____
_____
_____
_____

20___ _____
_____
_____
_____
_____

AUGUST 27

20___ _____
_____
_____
_____
_____

20___ _____
_____
_____
_____
_____

20___ _____
_____
_____
_____
_____

20___ _____
_____
_____
_____
_____

20___ _____
_____
_____
_____
_____

AUGUST 28

20___ _____

20___ _____

20___ _____

20___ _____

20___ _____

AUGUST 29

20___ _____
_____
_____
_____
_____

20___ _____
_____
_____
_____
_____

20___ _____
_____
_____
_____
_____

20___ _____
_____
_____
_____
_____

20___ _____
_____
_____
_____
_____

AUGUST 30

20___ _____

20___ _____

20___ _____

20___ _____

20___ _____

AUGUST 31

20___ _____
_____
_____
_____
_____

20___ _____
_____
_____
_____
_____

20___ _____
_____
_____
_____
_____

20___ _____
_____
_____
_____
_____

20___ _____
_____
_____
_____
_____

SEPTEMBER 1

20___ _____
_____
_____
_____
_____

20___ _____
_____
_____
_____
_____

20___ _____
_____
_____
_____
_____

20___ _____
_____
_____
_____
_____

20___ _____
_____
_____
_____
_____

SEPTEMBER 2

20___ _____

20___ _____

20___ _____

20___ _____

20___ _____

SEPTEMBER 3

20___ _____

_____

_____

_____

_____

20___ _____

_____

_____

_____

_____

20___ _____

_____

_____

_____

_____

20___ _____

_____

_____

_____

_____

20___ _____

_____

_____

_____

_____

SEPTEMBER 4

20___ _____

20___ _____

20___ _____

20___ _____

20___ _____

SEPTEMBER 5

20___ _____

20___ _____

20___ _____

20___ _____

20___ _____

SEPTEMBER 6

20___ _____

20___ _____

20___ _____

20___ _____

20___ _____

SEPTEMBER 7

20___ _____

20___ _____

20___ _____

20___ _____

20___ _____

SEPTEMBER 8

20___

_____

20___

_____

20___

_____

20___

_____

20___

_____

SEPTEMBER 9

20___ _____

20___ _____

20___ _____

20___ _____

20___ _____

SEPTEMBER 10

20___

_____

20___

_____

20___

_____

20___

_____

20___

_____

SEPTEMBER 11

20___ _____

_____

_____

_____

_____

20___ _____

_____

_____

_____

_____

20___ _____

_____

_____

_____

_____

20___ _____

_____

_____

_____

_____

20___ _____

_____

_____

_____

_____

SEPTEMBER 12

20___ _____

20___ _____

20___ _____

20___ _____

20___ _____

SEPTEMBER 13

20___ _____
_____
_____
_____
_____

20___ _____
_____
_____
_____
_____

20___ _____
_____
_____
_____
_____

20___ _____
_____
_____
_____
_____

20___ _____
_____
_____
_____
_____

SEPTEMBER 14

20___ _____

20___ _____

20___ _____

20___ _____

20___ _____

SEPTEMBER 15

20___ _____

20___ _____

20___ _____

20___ _____

20___ _____

SEPTEMBER 16

20___ _____

20___ _____

20___ _____

20___ _____

20___ _____

SEPTEMBER 17

20___ _____

20___ _____

20___ _____

20___ _____

20___ _____

SEPTEMBER 18

20___ _____

20___ _____

20___ _____

20___ _____

20___ _____

SEPTEMBER 19

20___

_____

_____

_____

_____

_____

20___

_____

_____

_____

_____

_____

20___

_____

_____

_____

_____

_____

20___

_____

_____

_____

_____

_____

20___

_____

_____

_____

_____

SEPTEMBER 20

20___ _____

20___ _____

20___ _____

20___ _____

20___ _____

SEPTEMBER 21

20___ _____
_____
_____
_____
_____

20___ _____
_____
_____
_____
_____

20___ _____
_____
_____
_____
_____

20___ _____
_____
_____
_____
_____

20___ _____
_____
_____
_____
_____

SEPTEMBER 22

20___ _____

_____

_____

_____

_____

20___ _____

_____

_____

_____

_____

20___ _____

_____

_____

_____

_____

20___ _____

_____

_____

_____

_____

20___ _____

_____

_____

_____

_____

20___ _____
_____
_____
_____
_____
_____

20___ _____
_____
_____
_____
_____
_____

20___ _____
_____
_____
_____
_____
_____

20___ _____
_____
_____
_____
_____
_____

20___ _____
_____
_____
_____
_____

SEPTEMBER 24

20___ _____
_____
_____
_____
_____

20___ _____
_____
_____
_____
_____

20___ _____
_____
_____
_____
_____

20___ _____
_____
_____
_____
_____

20___ _____
_____
_____
_____
_____

SEPTEMBER 25

20___ _____

_____
_____
_____
_____
_____

20___ _____

_____
_____
_____
_____
_____

20___ _____

_____
_____
_____
_____
_____

20___ _____

_____
_____
_____
_____
_____

20___ _____

_____
_____
_____
_____

SEPTEMBER 26

20___ _____

20___ _____

20___ _____

20___ _____

20___ _____

SEPTEMBER 27

20___ _____

20___ _____

20___ _____

20___ _____

20___ _____

SEPTEMBER 28

20___ _____
_____
_____
_____
_____

20___ _____
_____
_____
_____
_____

20___ _____
_____
_____
_____
_____

20___ _____
_____
_____
_____
_____

20___ _____
_____
_____
_____
_____

SEPTEMBER 29

20___ _____
_____
_____
_____
_____

20___ _____
_____
_____
_____
_____

20___ _____
_____
_____
_____
_____

20___ _____
_____
_____
_____
_____

20___ _____
_____
_____
_____
_____

SEPTEMBER 30

20___ _____

_____

_____

_____

_____

20___ _____

_____

_____

_____

_____

20___ _____

_____

_____

_____

_____

20___ _____

_____

_____

_____

_____

20___ _____

_____

_____

_____

_____

OCTOBER 1

20___ _____
_____
_____
_____
_____

20___ _____
_____
_____
_____
_____

20___ _____
_____
_____
_____
_____

20___ _____
_____
_____
_____
_____

20___ _____
_____
_____
_____
_____

OCTOBER 2

20___ _____
_____
_____
_____
_____

20___ _____
_____
_____
_____
_____

20___ _____
_____
_____
_____
_____

20___ _____
_____
_____
_____
_____

20___ _____
_____
_____
_____
_____

OCTOBER 3

20___ _____

_____

_____

_____

_____

20___ _____

_____

_____

_____

_____

20___ _____

_____

_____

_____

_____

20___ _____

_____

_____

_____

_____

20___ _____

_____

_____

_____

_____

OCTOBER 4

20___ _____

20___ _____

20___ _____

20___ _____

20___ _____

OCTOBER 5

20___ _____
_____
_____
_____
_____

20___ _____
_____
_____
_____
_____

20___ _____
_____
_____
_____
_____

20___ _____
_____
_____
_____
_____

20___ _____
_____
_____
_____
_____

OCTOBER 6

20___ _____
_____
_____
_____
_____

20___ _____
_____
_____
_____
_____

20___ _____
_____
_____
_____
_____

20___ _____
_____
_____
_____
_____

20___ _____
_____
_____
_____
_____

OCTOBER 7

20___ _____
_____
_____
_____
_____

20___ _____
_____
_____
_____
_____

20___ _____
_____
_____
_____
_____

20___ _____
_____
_____
_____
_____

20___ _____
_____
_____
_____
_____

OCTOBER 8

20___ _____
_____
_____
_____
_____

20___ _____
_____
_____
_____
_____

20___ _____
_____
_____
_____
_____

20___ _____
_____
_____
_____
_____

20___ _____
_____
_____
_____
_____

OCTOBER 9

20___ _____
_____
_____
_____
_____

20___ _____
_____
_____
_____
_____

20___ _____
_____
_____
_____
_____

20___ _____
_____
_____
_____
_____

20___ _____
_____
_____
_____
_____

OCTOBER 10

20___ _____

_____
_____
_____
_____

20___ _____

_____
_____
_____
_____

20___ _____

_____
_____
_____
_____

20___ _____

_____
_____
_____
_____

20___ _____

_____
_____
_____
_____

OCTOBER 11

20___ _____

20___ _____

20___ _____

20___ _____

20___ _____

OCTOBER 12

20___ _____

20___ _____

20___ _____

20___ _____

20___ _____

OCTOBER 13

20___ _____

20___ _____

20___ _____

20___ _____

20___ _____

OCTOBER 14

20___ _____

20___ _____

20___ _____

20___ _____

20___ _____

OCTOBER 15

20___ _____

_____

_____

_____

_____

20___ _____

_____

_____

_____

_____

20___ _____

_____

_____

_____

_____

20___ _____

_____

_____

_____

_____

20___ _____

_____

_____

_____

_____

OCTOBER 16

20___ _____

20___ _____

20___ _____

20___ _____

20___ _____

OCTOBER 17

20___ _____
_____
_____
_____
_____

20___ _____
_____
_____
_____
_____

20___ _____
_____
_____
_____
_____

20___ _____
_____
_____
_____
_____

20___ _____
_____
_____
_____
_____

OCTOBER 18

20___ _____

20___ _____

20___ _____

20___ _____

20___ _____

OCTOBER 19

20___ _____

20___ _____

20___ _____

20___ _____

20___ _____

OCTOBER 20

20___

20___

20___

20___

20___

OCTOBER 21

20___ _____

20___ _____

20___ _____

20___ _____

20___ _____

OCTOBER 22

20___ _____

20___ _____

20___ _____

20___ _____

20___ _____

OCTOBER 23

20___ _____

20___ _____

20___ _____

20___ _____

20___ _____

OCTOBER 24

20___ _____

20___ _____

20___ _____

20___ _____

20___ _____

OCTOBER 25

20___ _____
_____
_____
_____
_____

20___ _____
_____
_____
_____
_____

20___ _____
_____
_____
_____
_____

20___ _____
_____
_____
_____
_____

20___ _____
_____
_____
_____
_____

OCTOBER 26

20___ _____

20___ _____

20___ _____

20___ _____

20___ _____

OCTOBER 27

20___ _____

20___ _____

20___ _____

20___ _____

20___ _____

OCTOBER 28

20___ _____

20___ _____

20___ _____

20___ _____

20___ _____

OCTOBER 29

20___ _____
_____
_____
_____
_____
_____

20___ _____
_____
_____
_____
_____

20___ _____
_____
_____
_____
_____

20___ _____
_____
_____
_____
_____

20___ _____
_____
_____
_____
_____

OCTOBER 30

20___ _____

_____
_____
_____
_____

20___ _____

_____
_____
_____
_____

20___ _____

_____
_____
_____
_____

20___ _____

_____
_____
_____
_____

20___ _____

_____
_____
_____
_____

OCTOBER 31

20___ _____

20___ _____

20___ _____

20___ _____

20___ _____

NOVEMBER 1

20___ _____

_____

_____

_____

_____

20___ _____

_____

_____

_____

_____

20___ _____

_____

_____

_____

_____

20___ _____

_____

_____

_____

_____

20___ _____

_____

_____

_____

_____

NOVEMBER 2

20___ _____

20___ _____

20___ _____

20___ _____

20___ _____

NOVEMBER 3

20___ _____
_____
_____
_____
_____
_____

20___ _____
_____
_____
_____
_____
_____

20___ _____
_____
_____
_____
_____
_____

20___ _____
_____
_____
_____
_____
_____

20___ _____
_____
_____
_____
_____

NOVEMBER 4

20___ _____

20___ _____

20___ _____

20___ _____

20___ _____

NOVEMBER 5

20___ _____

20___ _____

20___ _____

20___ _____

20___ _____

NOVEMBER 6

20___ _____
_____
_____
_____
_____

20___ _____
_____
_____
_____
_____

20___ _____
_____
_____
_____
_____

20___ _____
_____
_____
_____
_____

20___ _____
_____
_____
_____
_____

NOVEMBER 7

20___ _____

_____

_____

_____

_____

20___ _____

_____

_____

_____

_____

20___ _____

_____

_____

_____

_____

20___ _____

_____

_____

_____

_____

20___ _____

_____

_____

_____

_____

NOVEMBER 8

20___ _____
_____
_____
_____
_____

20___ _____
_____
_____
_____
_____

20___ _____
_____
_____
_____
_____

20___ _____
_____
_____
_____
_____

20___ _____
_____
_____
_____
_____

NOVEMBER 9

20___ _____

20___ _____

20___ _____

20___ _____

20___ _____

NOVEMBER 10

20___ _____

20___ _____

20___ _____

20___ _____

20___ _____

NOVEMBER 11

20___ _____
_____
_____
_____
_____

20___ _____
_____
_____
_____
_____

20___ _____
_____
_____
_____
_____

20___ _____
_____
_____
_____
_____

20___ _____
_____
_____
_____
_____

NOVEMBER 12

20___ _____

20___ _____

20___ _____

20___ _____

20___ _____

NOVEMBER 13

20___ _____

_____

_____

_____

_____

20___ _____

_____

_____

_____

_____

20___ _____

_____

_____

_____

_____

20___ _____

_____

_____

_____

_____

20___ _____

_____

_____

_____

_____

NOVEMBER 14

20___

20___

20___

20___

20___

NOVEMBER 15

20___ _____

20___ _____

20___ _____

20___ _____

20___ _____

NOVEMBER 16

20___ _____

20___ _____

20___ _____

20___ _____

20___ _____

NOVEMBER 17

20___ _____

20___ _____

20___ _____

20___ _____

20___ _____

NOVEMBER 18

20___ _____
_____
_____
_____
_____

20___ _____
_____
_____
_____
_____

20___ _____
_____
_____
_____
_____

20___ _____
_____
_____
_____
_____

20___ _____
_____
_____
_____
_____

NOVEMBER 19

20___ _____

20___ _____

20___ _____

20___ _____

20___ _____

NOVEMBER 20

20___

_____

20___

_____

20___

_____

20___

_____

20___

_____

NOVEMBER 21

20___ _____
_____
_____
_____
_____

20___ _____
_____
_____
_____
_____

20___ _____
_____
_____
_____
_____

20___ _____
_____
_____
_____
_____

20___ _____
_____
_____
_____
_____

NOVEMBER 22

20___

20___

20___

20___

20___

NOVEMBER 23

20___ _____

20___ _____

20___ _____

20___ _____

20___ _____

NOVEMBER 24

20___ _____

20___ _____

20___ _____

20___ _____

20___ _____

NOVEMBER 25

20___ _____

20___ _____

20___ _____

20___ _____

20___ _____

NOVEMBER 26

20___ _____
_____
_____
_____
_____

20___ _____
_____
_____
_____
_____

20___ _____
_____
_____
_____
_____

20___ _____
_____
_____
_____
_____

20___ _____
_____
_____
_____
_____

NOVEMBER 27

20___ _____

20___ _____

20___ _____

20___ _____

20___ _____

NOVEMBER 28

20___ _____

20___ _____

20___ _____

20___ _____

20___ _____

NOVEMBER 29

20___ _____
_____
_____
_____
_____

20___ _____
_____
_____
_____
_____

20___ _____
_____
_____
_____
_____

20___ _____
_____
_____
_____
_____

20___ _____
_____
_____
_____
_____

NOVEMBER 30

20___ _____

20___ _____

20___ _____

20___ _____

20___ _____

DECEMBER 1

20___ _____

20___ _____

20___ _____

20___ _____

20___ _____

DECEMBER 2

20___ _____

_____

_____

_____

_____

20___ _____

_____

_____

_____

_____

20___ _____

_____

_____

_____

_____

20___ _____

_____

_____

_____

_____

20___ _____

_____

_____

_____

_____

DECEMBER 3

20___ _____

20___ _____

20___ _____

20___ _____

20___ _____

DECEMBER 4

20___ _____

_____

_____

_____

_____

20___ _____

_____

_____

_____

_____

20___ _____

_____

_____

_____

_____

20___ _____

_____

_____

_____

_____

20___ _____

_____

_____

_____

_____

DECEMBER 5

20___ _____

20___ _____

20___ _____

20___ _____

20___ _____

DECEMBER 6

20___ _____
_____
_____
_____
_____

20___ _____
_____
_____
_____
_____

20___ _____
_____
_____
_____
_____

20___ _____
_____
_____
_____
_____

20___ _____
_____
_____
_____
_____

DECEMBER 7

20___ _____
_____
_____
_____
_____

20___ _____
_____
_____
_____
_____

20___ _____
_____
_____
_____
_____

20___ _____
_____
_____
_____
_____

20___ _____
_____
_____
_____
_____

DECEMBER 8

20___ _____

20___ _____

20___ _____

20___ _____

20___ _____

DECEMBER 9

20___ _____
_____
_____
_____
_____

20___ _____
_____
_____
_____
_____

20___ _____
_____
_____
_____
_____

20___ _____
_____
_____
_____
_____

20___ _____
_____
_____
_____
_____

DECEMBER 10

20___ _____

20___ _____

20___ _____

20___ _____

20___ _____

DECEMBER 11

20___ _____

20___ _____

20___ _____

20___ _____

20___ _____

DECEMBER 12

20___ _____

20___ _____

20___ _____

20___ _____

20___ _____

DECEMBER 13

20___ _____

20___ _____

20___ _____

20___ _____

20___ _____

DECEMBER 14

20___ _____

20___ _____

20___ _____

20___ _____

20___ _____

DECEMBER 15

20___ _____
_____
_____
_____
_____

20___ _____
_____
_____
_____
_____

20___ _____
_____
_____
_____
_____

20___ _____
_____
_____
_____
_____

20___ _____
_____
_____
_____
_____

DECEMBER 16

20___ _____

20___ _____

20___ _____

20___ _____

20___ _____

DECEMBER 17

20___ _____
_____
_____
_____
_____

20___ _____
_____
_____
_____
_____

20___ _____
_____
_____
_____
_____

20___ _____
_____
_____
_____
_____

20___ _____
_____
_____
_____
_____

DECEMBER 18

20___ _____

_____

_____

_____

_____

_____

20___ _____

_____

_____

_____

_____

_____

20___ _____

_____

_____

_____

_____

_____

20___ _____

_____

_____

_____

_____

_____

20___ _____

_____

_____

_____

_____

DECEMBER 19

20___ _____

20___ _____

20___ _____

20___ _____

20___ _____

DECEMBER 20

20___ _____

20___ _____

20___ _____

20___ _____

20___ _____

DECEMBER 21

20___ _____

20___ _____

20___ _____

20___ _____

20___ _____

DECEMBER 22

20___ _____

20___ _____

20___ _____

20___ _____

20___ _____

DECEMBER 23

20___ _____

20___ _____

20___ _____

20___ _____

20___ _____

DECEMBER 24

20___ _____

20___ _____

20___ _____

20___ _____

20___ _____

DECEMBER 25

20___ _____
_____
_____
_____
_____

20___ _____
_____
_____
_____
_____

20___ _____
_____
_____
_____
_____

20___ _____
_____
_____
_____
_____

20___ _____
_____
_____
_____
_____

DECEMBER 26

20___ _____

20___ _____

20___ _____

20___ _____

20___ _____

DECEMBER 27

20___ _____

20___ _____

20___ _____

20___ _____

20___ _____

DECEMBER 28

20___ _____

20___ _____

20___ _____

20___ _____

20___ _____

DECEMBER 29

20___ _____
_____
_____
_____
_____

20___ _____
_____
_____
_____
_____

20___ _____
_____
_____
_____
_____

20___ _____
_____
_____
_____
_____

20___ _____
_____
_____
_____
_____

DECEMBER 30

20___ _____
_____
_____
_____
_____

20___ _____
_____
_____
_____
_____

20___ _____
_____
_____
_____
_____

20___ _____
_____
_____
_____
_____

20___ _____
_____
_____
_____
_____

DECEMBER 31

20___ _____
_____
_____
_____
_____

20___ _____
_____
_____
_____
_____

20___ _____
_____
_____
_____
_____

20___ _____
_____
_____
_____
_____

20___ _____
_____
_____
_____
_____

DATES TO REMEMBER

DATES TO REMEMBER

_____
_____
_____
_____
_____
_____
_____
_____
_____
_____
_____
_____
_____
_____
_____
_____
_____
_____
_____
_____
_____
_____
_____